8:40

車輛・裝備檢查

9:00

培訓

12:00

中餐

培訓／體能訓練

13:00

晚餐

18:00

車輛檢查

17:00

註：臺灣消防局的外勤消防人員換班時間為上午 8 點，上班形式分為勤一休一（執勤 24 小時、休息 24 小時）、勤二
休一（執勤 48 小時、休息 24 小時），各縣市規定不同。內勤消防人員的上班時間則是上午 8 點至下午 5 點。

準備好了！

「我出門嘍！」
爸爸出門去上班了。

「爸爸慢走。
今天也要小心喔！」

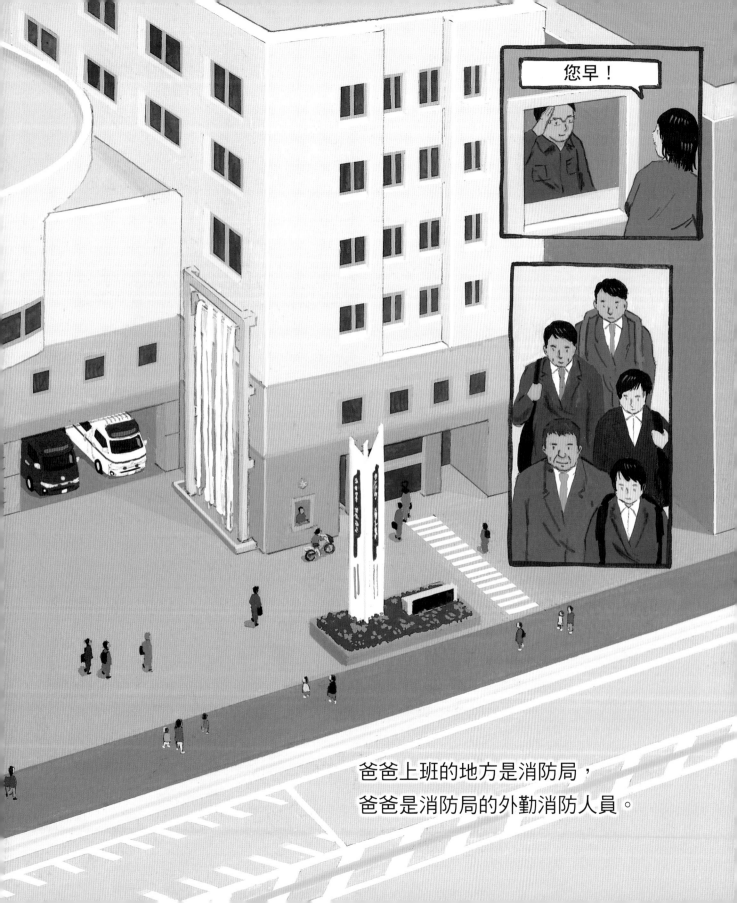

您早！

爸爸上班的地方是消防局，
爸爸是消防局的外勤消防人員。

很多人在消防局工作。

有「外勤消防人員」和「內勤消防人員」。

外勤消防人員的值勤（24小時）

上午8點30分上班～
隔天8點30分下班

內勤消防人員的值勤（8小時）

上午8點30分上班～
下午5點30分下班

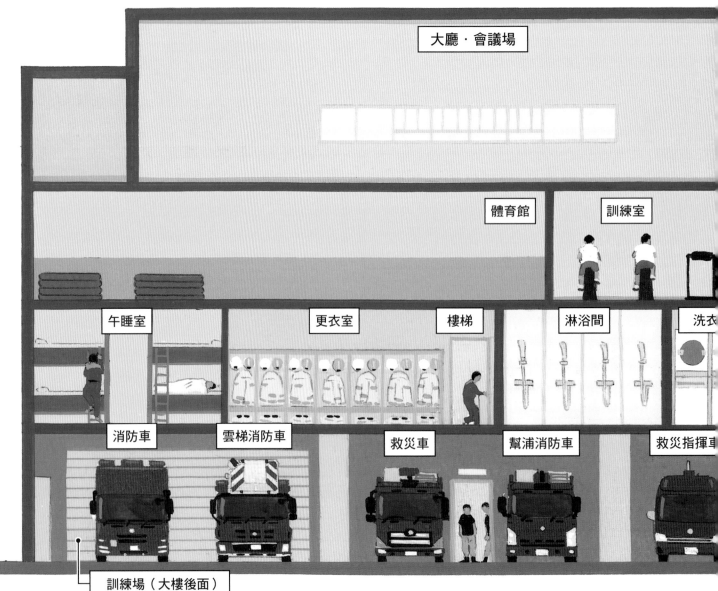

大廳‧會議場

體育館　　　訓練室

午睡室　　　更衣室　　　樓梯　　　淋浴間　　　洗衣

消防車　　　雲梯消防車　　　救災車　　　幫浦消防車　　　救災指揮車

訓練場（大樓後面）

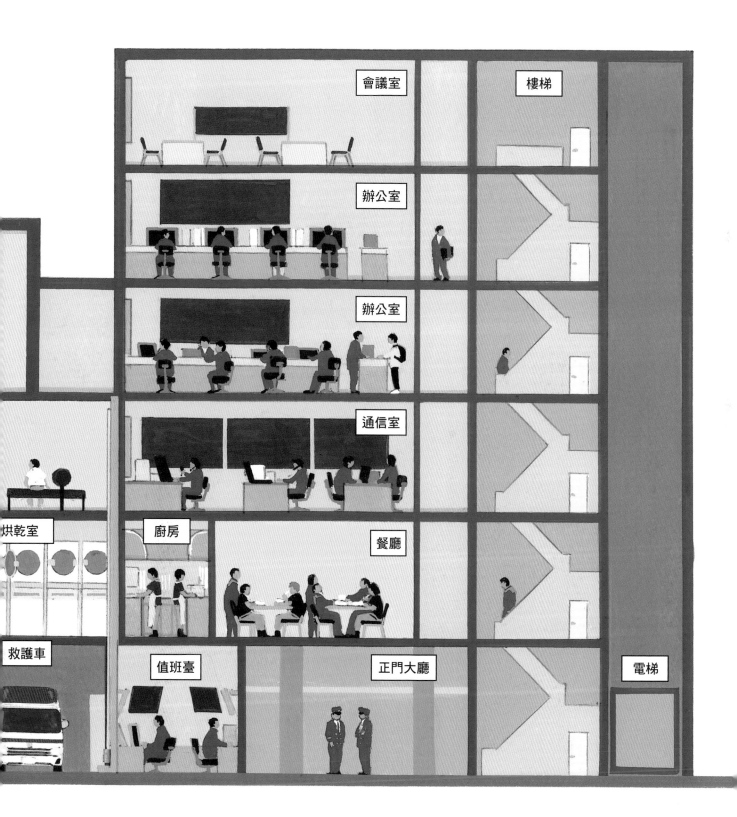

外勤消防人員要換上工作服。

拉緊

戴正

著裝完畢！

噠　噠

「整列！」
開始換班。
今天來上班的人員和
昨天來上班的人員交接工作。

敬禮！

1　2

一個一個依序報數，
確定人數。

解散！開始檢查裝備！

埼玉市消防局

埼玉市消防局

埼玉市消防局

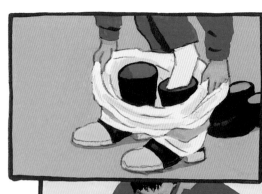

啪

啪 沙

喀 嘰

啪 嘰

拉 上

拉 緊

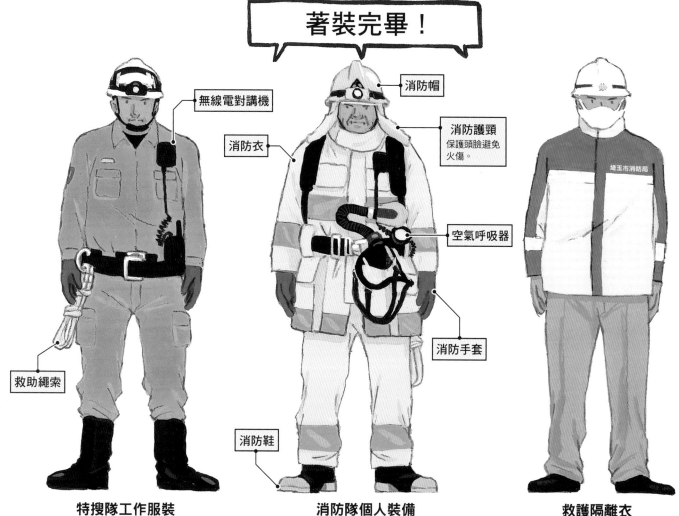

著裝完畢！

無線電對講機

消防帽

消防護頸
保護頭臉避免火傷。

消防衣

空氣呼吸器

消防手套

救助繩索

消防鞋

特搜隊工作服裝

消防隊個人裝備

救護隔離衣

確認空氣呼吸器與
面罩是否損壞。

接下來檢查車輛！

嗚 — 嗚 — 嗚 —

所有車輛一起發動引擎、打開車燈。
確認是否故障,避免發生意外。

幫浦消防車
用幫浦吸水後，
再放水。

輪胎空氣壓
沒有異常！

水帶沒有異常！

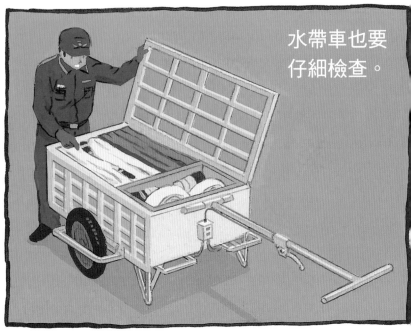

水帶車也要
仔細檢查。

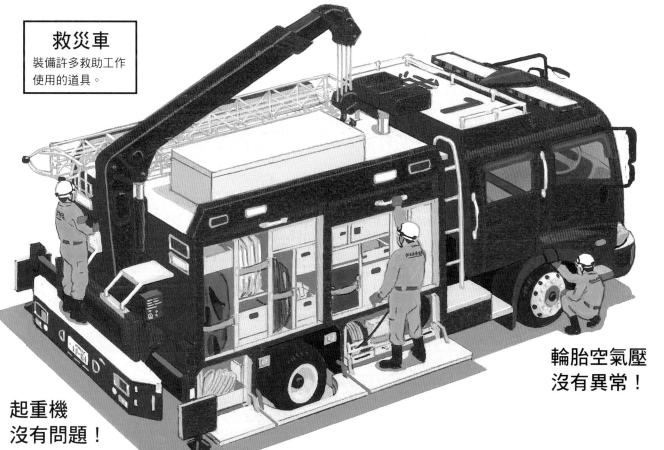

救災車
裝備許多救助工作
使用的道具。

起重機
沒有問題！

輪胎空氣壓
沒有異常！

消防隊救援使用道具約有200種。

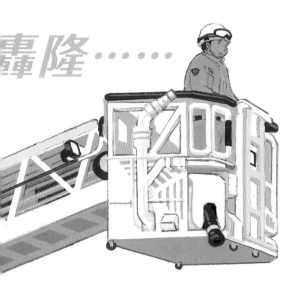

轟隆……

雲梯沒有異常！

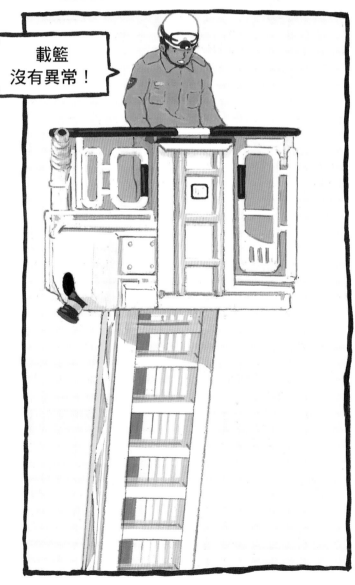

載籃
沒有異常！

雲梯消防車 大樓火災時，必須將消防員送往高處放水、救人。

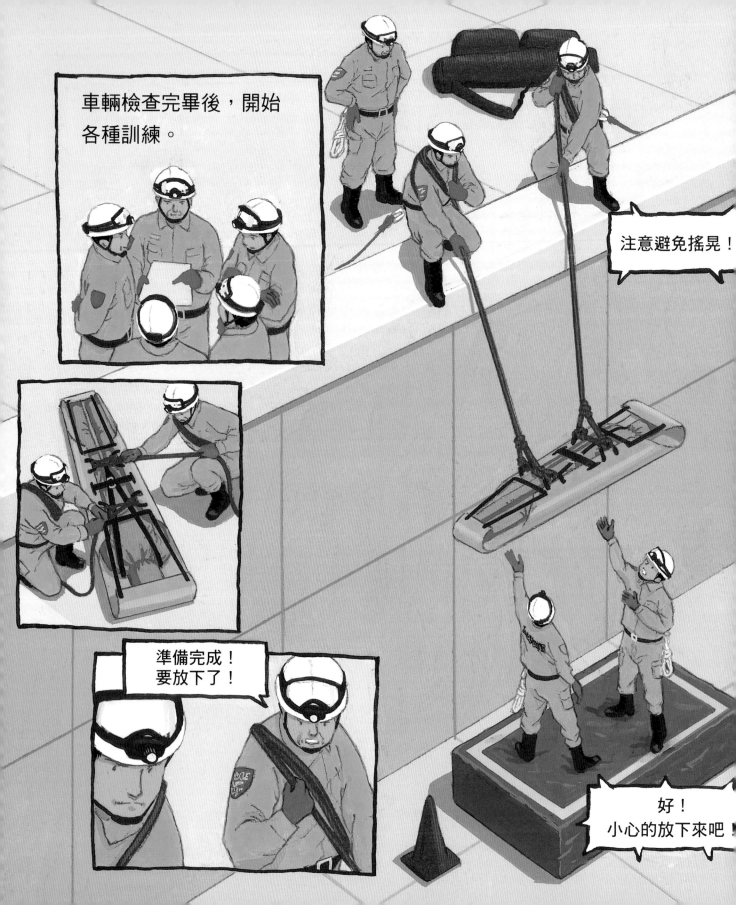

沒問題！

好！沒問題！

休息吧！

收到！

這時候……

咦？

嘟嘟嘟嘟嘟

大家正在訓練時，
地面劇烈晃動起來。
發生地震了！

嘰嘰

好了。
要拆門板嚕！

用力！
加油！

我們來了！

救援隊來了！

喔——咿—— 喔——咿——

救護車將受傷的人安全載送到醫院。
消防隊滅火後還要一邊仔細澆水，
一邊巡視哪裡有餘燼。
確認沒有火苗，隊長宣布：
「滅火任務完成！」

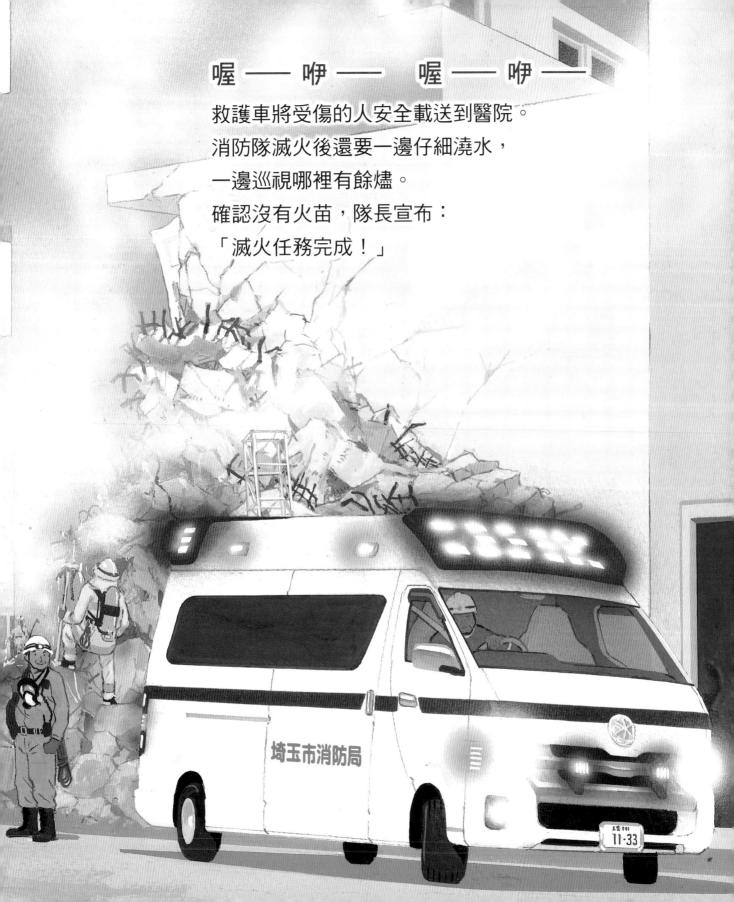

嗚 —— 嗚 ——
到了傍晚，
隨著消防車的信號聲，
全體消防隊員回到消防局。

第二天早上，
爸爸平安的回家了。

「我回來了！」

「爸爸回家了！」

文・圖｜鎌田步

　　1969年出生，現居住於日本埼玉縣。繪本作品有《電塔上的空中英雄》、《深夜裡的鐵道英雄》（東方出版社）；《救護車彼得出任務》（小天下）、《運輸總動員》（小魯文化）；《熱心勇敢的普魯達：救援直升機》、《日本新幹線高鐵出發囉》、《航空站工作車》、《聽！掃街車來了》、《工作船淨港號》和《什麼都要洗乾淨》（阿爾發國際文化）等。

翻譯｜黃惠綺

　　畢業於日本東京的音樂學校，回臺後曾任日本詞曲作家在臺經紀人。與小孩共讀發現了繪本的美好，相信繪本之力能讓親子關係更緊密，也能療癒每個人的心，因此將推廣繪本閱讀作為終身職志。現在為「惠本屋文化」書店的店主、「惠子的日文繪本通信」版主、童書譯者。在小熊出版的翻譯作品有《都是我的寶物！》、《令人抓狂的小女孩》等。

精選圖畫書

出動！英勇消防隊　文・圖／鎌田步　翻譯／黃惠綺

總編輯：鄭如瑤｜責任編輯：王靜慧｜美術編輯：王子昕｜行銷副理：塗幸儀

社長：郭重興｜發行人兼出版總監：曾大福
業務平臺總經理：李雪麗｜業務平臺副總經理：李復民
海外業務協理：張鑫峰｜特販業務協理：陳綺瑩｜實體業務經理：林詩富
印務經理：黃禮賢｜印務主任：李孟儒
出版與發行：小熊出版・遠足文化事業股份有限公司
地址：231 新北市新店區民權路 108-2 號 9 樓
電話：02-22181417｜傳真：02-86671851
劃撥帳號：19504465｜戶名：遠足文化事業股份有限公司
客服專線：0800-221029｜客服信箱：service@bookrep.com.tw
Facebook：小熊出版｜E-mail：littlebear@bookrep.com.tw
讀書共和國出版集團網路書店：http://www.bookrep.com.tw
團體訂購請洽業務部：02-22181417 分機 1132、1520

法律顧問：華洋法律事務所／蘇文生律師｜印製：凱林彩印股份有限公司
初版一刷 2020 年 12 月｜定價：320 元｜ISBN：978-986-5503-92-5

國家圖書館出版品預行編目（CIP）資料

出動！英勇消防隊/鎌田步文.圖；黃惠綺翻譯. -- 初版. -- 新北市：小熊出版：遠足文化發行, 2020. 12
32面；21.4×24.6公分. （精選圖畫書）
ISBN 978-986-5503-92-5（精裝）
1. 消防教育 2. 繪本
575.87　　　　　　　　　109018728

小熊出版讀者回函　　小熊出版官方網頁

消防隊使用道具

找一找，本書登場的道具用在什麼地方呢？

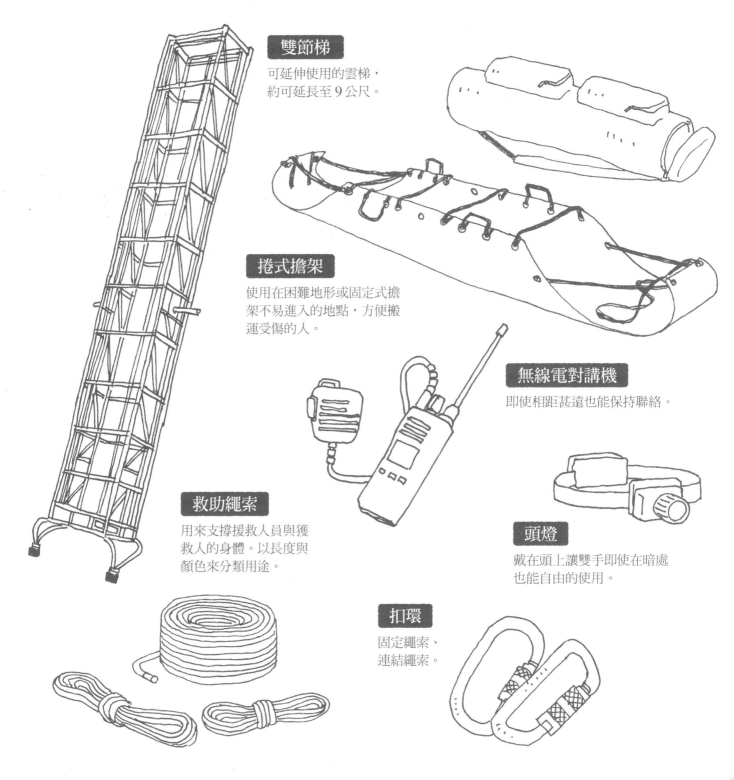

雙節梯

可延伸使用的雲梯，約可延長至9公尺。

捲式擔架

使用在困難地形或固定式擔架不易進入的地點，方便搬運受傷的人。

無線電對講機

即使相距甚遠也能保持聯絡。

救助繩索

用來支撐援救人員與獲救人的身體。以長度與顏色來分類用途。

頭燈

戴在頭上讓雙手即使在暗處也能自由的使用。

扣環

固定繩索、連結繩索。